NATUR

Rätseln und Stickern

TESSLOFF

Kennst du all diese Bäume und weißt du, welche Blätter und Früchte zu dem jeweiligen Baum gehören? Stickere jeweils die passenden Blätter und Früchte hinzu. Die Sticker findest du auf dem Stickerbogen in der Mitte des Hefts.

Ahorn

Eiche

Kastanie

Eberesche

4

Buche

5

Birke

6

Das Eichhörnchen Alfred ist auf dem Weg zu seinem Nest. Unterwegs trifft es ein paar Freunde; den Fuchs Walter, die Raupe Daisy und den Specht Bernhard. Finde den richtigen Weg, indem du immer diese Reihenfolge einhältst: . Du kannst nach rechts, nach links, nach oben oder unten gehen, aber nicht diagonal.

Wahr oder gemogelt?

Blubber heißen die Luftblasen, die Enten beim Tauchen ausstoßen.

➡ Schon gewusst?

Die merkwürdig schaumigen Gebilde an Wiesenkräutern nennt man auch Kuckucksspucke. Dabei handelt es sich um das Schaumnest der Larven der Wiesenschaumzikade.

START

ZIEL

3 Pilzrätsel

 echt kniffelig!

Einige Pilze sind sehr lecker. Andere wiederum sind ungenießbar oder sogar richtig giftig. Die allermeisten Pilze muss man kochen, um sie essen zu können. Welche Pilze sind auch in gekochtem Zustand noch giftig? Kreuze an.

Steinpilz

Marone

Fliegenpilz

Grüner Knollenblätterpilz

Schweinsohr

Hallimasch

Bauchwehkoralle

Austernseitling

Pfifferling

Lilastiel

Hier haben sich neun Begriffe rund
um die Biene versteckt. Findest du sie?

```
K B I E N E N K Ö N I G I N Ü R Q W H B
N J Ü S C H E L D E X F A B V O I L L P
P G W A C T T A M T U H L E Ä L P Z A S
K I A M U T Z A W H D O Ö N N A F J Y L
X O B R U L F L S S C H M L G D S Ö Z A
C H E E R U Ö M V I I M K E R C Q I r
H T Q M L O P E L T F S L A R M S A A V
I L I U W N P R B A H C E N N R W U H E
J M M A Q E F H R C H H L Ü O G Q S L N
I R A L L K Ö Z C H E L A X N O R L I X
P L Q E H T U L L A W L R E I N T Y K O
R U T T W A I B H M L X K H O N I G F A
A V H I L R U F A V X T O R I P L Ü F D
P O P O M E P U Z T E R M I N S M M U R
O G L Ü P R R E S K R P R P E V F A L O
L T I P P Ä L Z T A T T U N B A Q W E H
L H W I L P P N K S E H G C H I A K R N
E I U M Z U D A B L Ü T E N E Z O M R E
N L A A Z W I X I H M F P S G M Ü A P L
Q D M I K T E N N E R O V C I L E N Z E
```

Ein Bienenleben

*Bienen entwickeln sich in 21 Tagen vom Ei zur Arbeitsbiene.
Dann dürfen sie als Sammlerin draußen nach Blüten suchen.*

Ganz schön faul

*Kuckucksbienen kümmern sich
nicht selbst um ihre Nachkommen.
Sie legen ihre Eier in Nester
anderer Bienenarten. Die Larven
töten den Nachwuchs der Wirts-
biene und machen sich über die
Futtervorräte her.*

5 | Wer ist da gelaufen?

Da ist ja ganz schön was los im Wald! Kreuz und quer verlaufen die Spuren im Schnee. Weißt du, welche Spur zu welchem Tier gehört? Die Bildbeschreibungen helfen dir. Schreibe die richtige Zahl in den Kreis.

Maus

Die Spur der Maus sieht aus wie viele kleine Fußspuren an einer Schnur.

Wildschwein

Das Wildschwein hat gespaltene Hufe, zusätzlich hat es noch zwei Zehen, die man hinter den Hufabdrücken sieht.

Reh

Auch das Reh hat gespaltene Hufe.

Eichhörnchen

Eichhörnchen setzen die viel längeren Hinterpfoten etwas seitlich vor die kürzeren Vorderpfoten.

Fuchs

Die Spur des Fuchses verläuft fast in einer Linie.

In der Buchstabenschlange sind fünf Tiere versteckt, die am und im Wattenmeer leben. Findest du sie?

Die Buchstaben: SEESTERNBGRÄKIZTSDRMÖWEAVBTÜKJUZTAFTGHNBGFWATTWURMPLKÖTGFCÜQUALLEÄDRFUBTZUJMIESMUSCHELÜGFCRDSÖJNHT

Futtern statt pfeifen

Zum Überwintern kommt ein Teil der Pfeifenten ins Wattenmeer. Dann fressen sie etwa 15 Stunden am Tag! Ihre Nahrung, die aus Gräsern besteht, ist nicht sehr nahrhaft. Deshalb müssen sie sehr viel davon fressen, um ihren Energiebedarf zu decken.

Wahr oder gemogelt?

Seehunde, die ihre Mutter verloren haben, nennt man Heulbojen.

Küstenvogel

Der Austernfischer heißt zwar so, aber eigentlich frisst er gar keine Austern. Er hält sich lieber an all die anderen Muscheln, die er an der Küste findet. Der Feinschmecker kann zudem recht alt werden. Es wurden schon beringte Vögel gefunden, die über 40 Jahre alt waren.

Seehund

Von Mai bis September sammeln sich die Seehunde auf Sandbänken im Wattenmeer und bekommen dort ihre Jungen.

Kennst du diese Tiere und Pflanzen? Schreibe den richtigen Namen in das jeweilige Kästchen. Welche der Tiere und Pflanzen beginnen mit dem gleichen Buchstaben? Kreise sie ein.

F

E

9

Lea und Philipp sind bei ihrem Onkel, der Förster ist, zu Besuch. Eigentlich wollten sie mit ihm in den Wald gehen. Aber ihr Onkel ist schon weg, nur ein Zettel liegt auf dem Küchentisch. Wenn du die Geheimschrift enträtselst, weißt du weshalb.

A B C D E F G H I J K L M

N O P Q R S T U V W X Y Z

0 2

→ Schon gewusst?

Wildschweinkinder nennt man Frischlinge. Jeder Frischling hat seine eigenen, charakteristischen Streifen, die der Tarnung dienen.

9 | Gut getarnt!

Auf den Fotos sind Tiere versteckt. Ihre Tarnung ist aber so gut, dass sie nur schwer zu finden sind. Wenn du ein Tier entdeckt hast, kreise es ein.

Moorschneehuhn

Distelschildkäfer

Zünsler

Mondvogel

Nordseegarnele

Rohrdommel

➡ Schon gewusst?

Um nicht von anderen Tieren gefressen zu werden, haben sich im Tierreich verschiedene Formen der Tarnung herausgebildet. Eine davon ist die Mimese. Dabei imitieren Tiere Teile ihrer Umgebung, zum Beispiel Pflanzen oder den Meeresboden.

Steinkauz

Buchen-Streckfußraupe

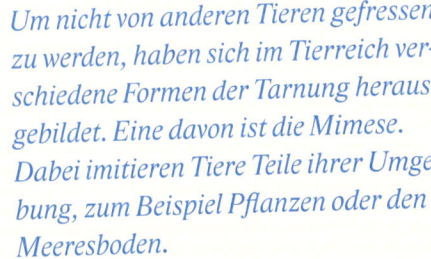

Scholle

Hier siehst du viele bunte Fische in einem Korallenriff in der Karibik. Findest du die sieben Fehler?

◄ Originalbild

◄ Fehlerbild

Wahr oder gemogelt?

Fische schlafen mit offenen Augen.

11 | Was ist doppelt?

Jedes Blatt hat eine ganz typische Form. Hier siehst du einen ganzen Haufen Blätter. Zwei davon haben die gleiche Blattform. Welche? Kreise sie ein.

1

2

3

4

5

6

7

8

9

10

11

➜ Schon gewusst?

Eichengallen sind keine merkwürdigen Früchte, sondern Wespennester. Gallwespen legen hierfür ihre Eier ins Pflanzengewebe. Zusätzlich geben die Wespen einen Stoff in die Pflanze ab, der sie dazu bringt, diese seltsamen Gebilde wachsen zu lassen. Die Gallen dienen dann als Kinderstube.

12 | Makrorätsel

Nanu, was ist denn das? Hier siehst du einen stark vergrößerten Ausschnitt eines Bildes, das irgendwo im Heft zu sehen ist. Weißt du, was es ist?

echt
kniffelig!

Eicheln und Regenwürmer. Hm, lecker ...
Welches Tier frisst was? Weißt du es?
Dann schreibe die richtige Zahl in den Kreis.

1

2

3

4

5

6

Wenn du das Heft aufmerksam liest, kannst du dort
die meisten Antworten für dieses Kreuzworträtsel finden.

Lösungswort: Bei einem ⬜⬜⬜⬜⬜⬜⬜⬜ wackelt der Boden unter deinen Füßen.

1 Die Früchte der Buche heißen …?

3 Männliche Biene

4 Tier mit gespaltenen Hufen

5 Lebt im Wattenmeer

6 Wildschweinjunges

7 Tier, das sein Haus auf dem Rücken trägt.

9 Giftiger Pilz

15 Wo geht's lang?

Frosch Fridolin hat sich verlaufen. Weil er schon ganz trockene Zehenspitzen hat, möchte er so schnell wie möglich zurück in seinen Teich. Kannst du ihm helfen, den richtigen Weg durch das Labyrinth zu finden?

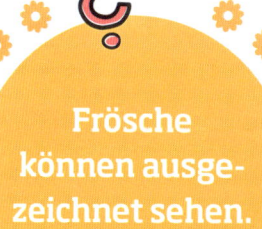

Wahr oder gemogelt?

Frösche können ausgezeichnet sehen.

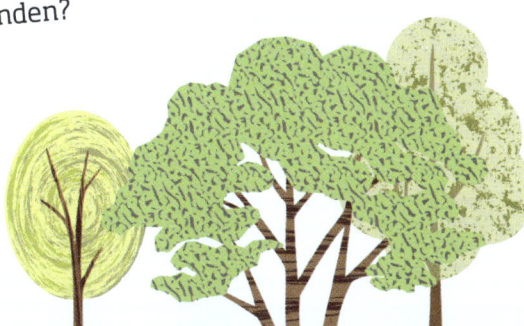

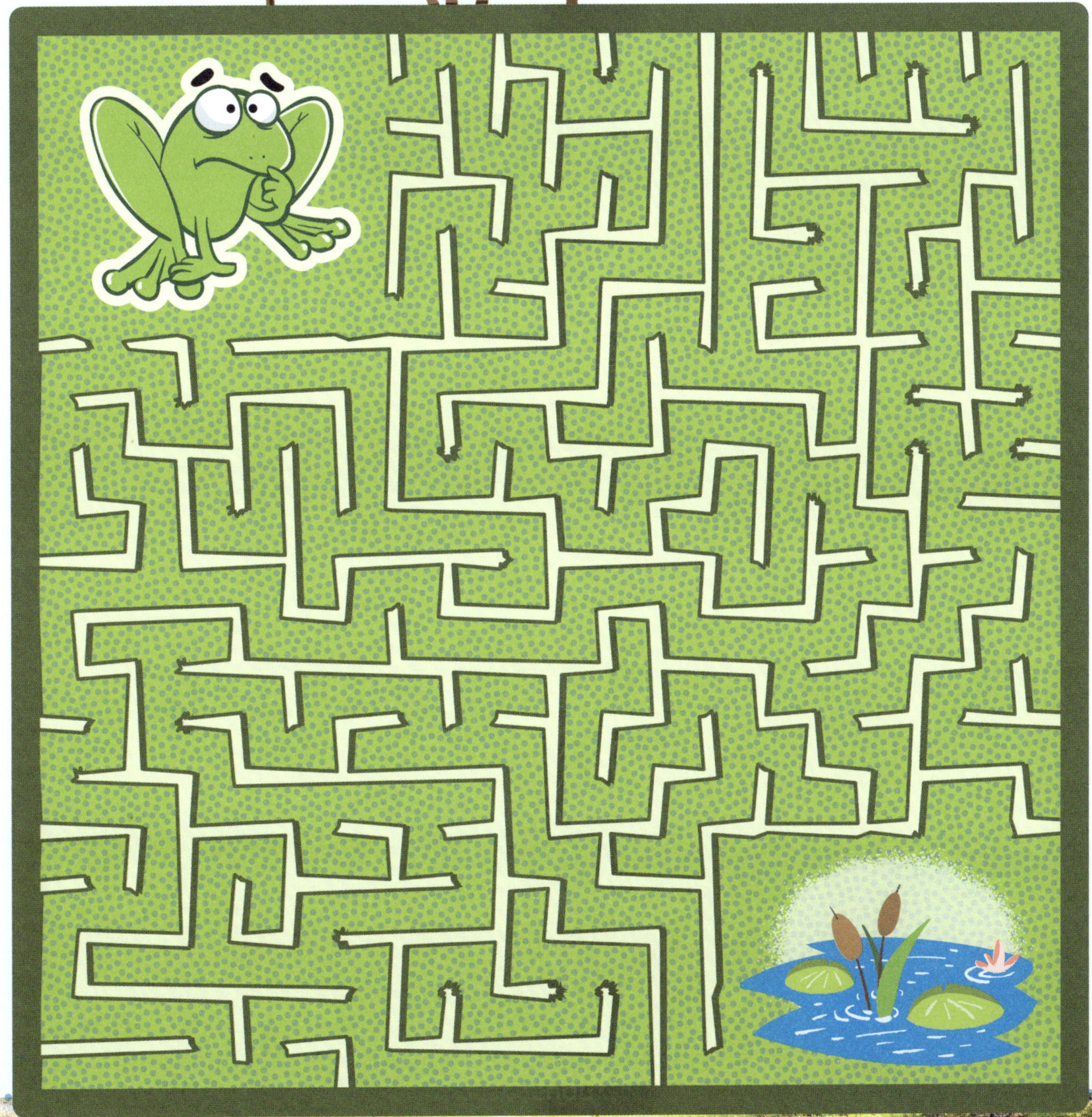

Welcher Schmetterling wird im Steckbrief beschrieben?
Stickere den richtigen Schmetterling dazu.

Name: Schwalbenschwanz

Sticker

Die Flügel dieses Schmetterlings sind wie der Schwanz einer Schwalbe geformt.

Name: Zitronenfalter

Sticker

Der Name dieses Schmetterlings kommt von einer Zitrusfrucht. Die Farbe seiner Flügel erinnert an diese Frucht.

Name: Stachelbeerspanner

Das Muster dieses Schmetterlings besteht aus mehreren Reihen schwarzer Flecken. Zwei davon sind mit einem orangefarbenen Band verbunden.

Name: Spanischer Mondspinner

Sticker

Dieser Schmetterling ist grün, mit einem Muster, das an Zweige erinnert.

Name: Tagpfauenauge

Sticker

Hier steckt die Besonderheit schon im Namen. Nämlich die Augenflecken auf den Flügeln, die der Abschreckung dienen.

4

Name: Dukatenfalter

Sticker

Dieser Schmetterling hat leuchtend orangerote Flügel mit schwarzem Rand.

5

Name: Sechsfleck-Widderchen

Sticker

Auch hier steckt die Besonderheit des Schmetterlings schon im Namen. Diese Schmetterlinge werden auch Blutströpfchen genannt. Die auffällige Farbe signalisiert: Ich bin giftig!

8

Name: Brauner Bär

Sticker

Dieser Schmetterling hat gar keine Ähnlichkeit mit einem Braunbären. Der Name kommt von der Raupe, deren Körper von dichten, braunen Haaren bedeckt ist.

9

Name: Admiral

Sticker

Dieser Schmetterling hat an den Flügelspitzen weiße Flecken. Dieser Zeichnung verdankt er wohl auch seinen Namen, denn sie erinnert an die militärischen Schulterabzeichen eines Admirals.

10

Name: Geißkleebläuling

Sticker

Ein blauer Schmetterling mit zartem Tupfenmuster.

Hier sind einige Tiere und Pflanzen zu sehen. Ein paar fehlen allerdings. Welche sind es? Finde die passenden Sticker. Jedes Symbol darf in jeder Reihe, in jeder Spalte und in jedem Sechserfeld nur einmal vorkommen.

Moose sind die Feuchtigkeits-speicher des Waldes. Sie verbrauchen für sich selbst nur sehr wenig Wasser. Bei Regen können sie aber viel von dem wertvollen Nass speichern und dann nach und nach an den Boden abgeben.

Nur die männlichen Hirschkäfer haben die großen Geweihe. Die Käfer werden bis zu neun Zentimeter groß.

Siebenschläfer sind nachtaktiv. Deshalb verbringen sie den Tag meist schlafend in ihrer Baumhöhle.

Wahr oder gemogelt?

Der rote Knurrhahn ist ein Fisch.

Hier stehen einige Begriffe in Spiegelschrift.
Kannst du sie trotzdem lesen und richtig hinschreiben?

Unglaublich!

In einem Löffel Waldboden leben mehr Organismen, als es Menschen auf der Erde gibt.

1. GLETSCHER

....

2. FRÜHLING

....

3. FLUT

....

5. ERDBEBEN

....

4. WINTERSCHLAF

....

7. REGENBOGEN

....

6. SOMMERWIESE

....

8. BLITZ

....

9. MOOS

....

➡ **Schon gewusst?**

Das Wintergoldhähnchen ist der kleinste Vogel Europas. Vom Schnabel bis zur Schwanzspitze ist er nur neun Zentimeter lang und wiegt nicht mehr als zehn Gramm.

10. WIRBELSTURM

....

Hoppla! Da fehlt ein Stück auf dem Foto.
Finde den passenden Bildausschnitt und kreuze ihn an!

A

B

C

D

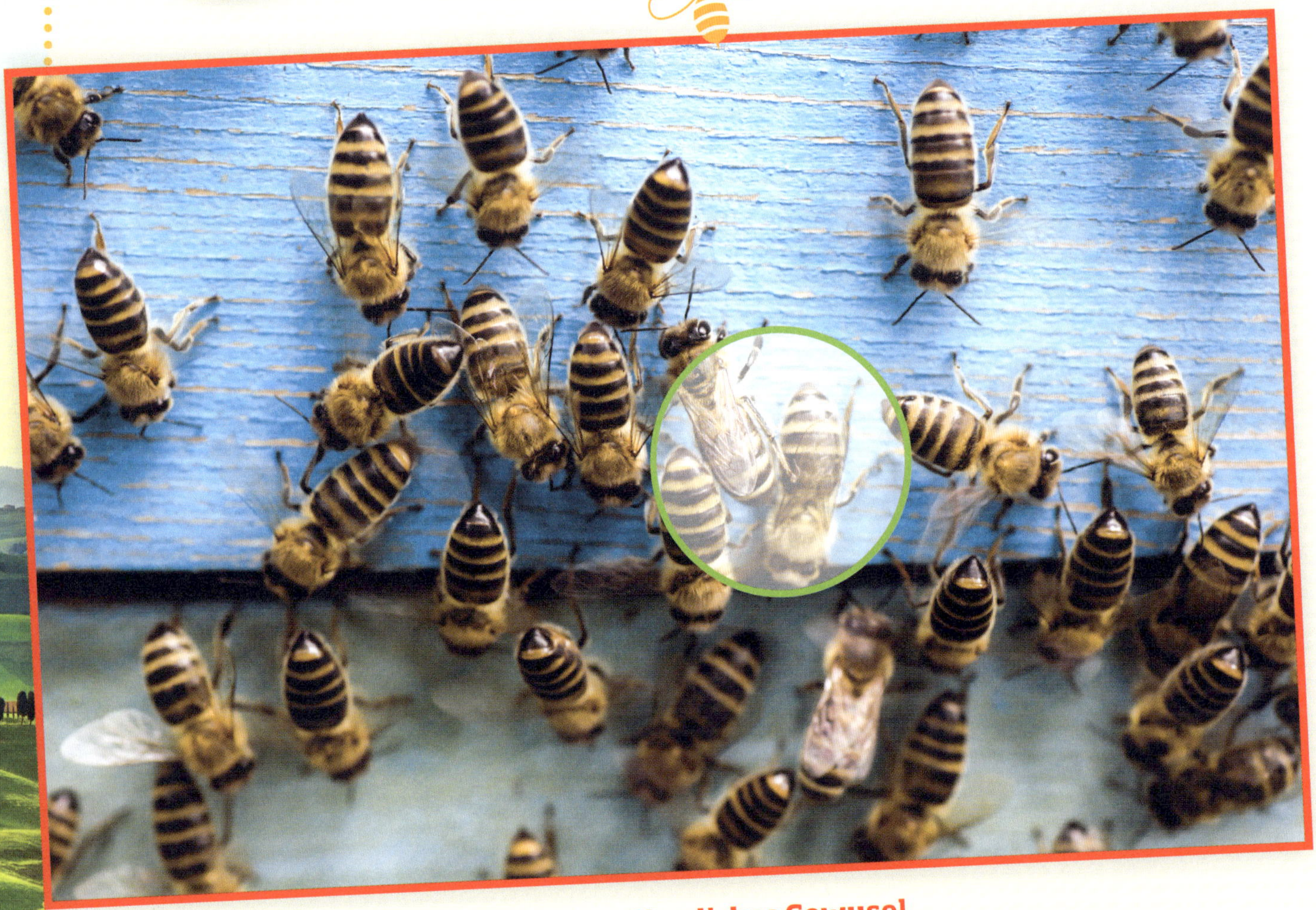

Ziemliches Gewusel

In und um einen Bienenstock herum geht es ziemlich wuselig zu. Aber die Wächterbienen passen genau auf, dass keine fremden Bienen in den Bienenstock hineinkommen. Denn nicht nur der Honig, sondern auch die Brut ist für Räuber eine willkommene Beute.

Hier siehst du stark vergrößerte Ausschnitte aus der Natur. Wenn du weißt, was es ist, dann schreibe den Namen unter das Bild. Wenn du alles kennst, ergibt sich ein Lösungswort.

P ___ ___ _ ___

N ___ ___ ___ ___ _ ___ ___

___ ___ N ___

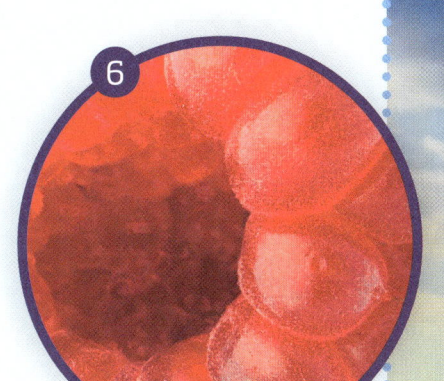

___ ___ ___ ___ E _

_ Ö ___ ___ ___

___ _ ___ ___ ___ L

___ ___ ___ ___ Ä ___ ___

Lösungswort:

___ ___ ___ ___ _ ___ ___ Z

Als Nestlinge bezeichnet man Vogeljungen, solange sie das Nest noch nicht verlassen können. Sie haben noch keine Federn. Sobald sie vollständig befiedert sind, heißen sie: Ä _ ___ ___ ___ ___ ___

Lösungsseite

Seite 2/3

1

1) Ahorn

2) Eiche

3) Kastanie

4) Eberesche

5) Buche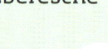

6) Birke

Seite 4

Wahr oder gemogelt?
Gemogelt. Der Blubber ist eine dicke Speckschicht, die zum Beispiel Robben besitzen. Er schützt die Tiere vor Unterkühlung.

2

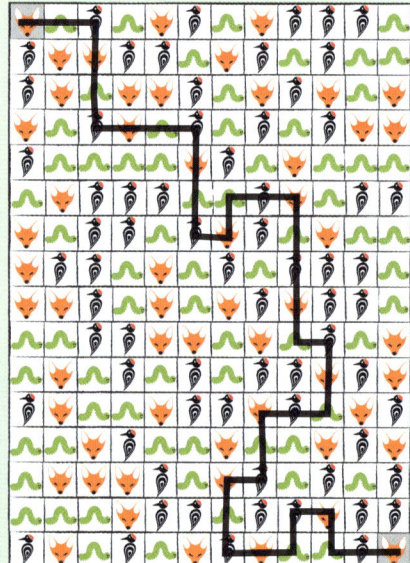

Seite 5

3

Auch in gekochtem Zustand sind diese Pilze noch giftig:
Fliegenpilz
Grüner Knollenblätterpilz
Bauchwehkoralle

Beim Pilzesammeln muss man ziemlich gut aufpassen, denn manche giftige Pilze sehen Pilzen, die man essen kann, zum Verwechseln ähnlich. Deshalb am besten immer nur mit jemanden zusammen Pilze sammeln, der sich wirklich gut auskennt!

Seite 6

4

Seite 7

5

Wildschwein:

Maus

Eichhörnchen:

Reh:

Fuchs:

Seite 8

6

In der Buchstabenschlange verstecken sich diese Tiere: Wattwurm, Qualle, Miesmuschel, Seestern, Möwe

Wahr oder gemogelt?
Gemogelt. Man nennt sie Heuler, weil sie so laut nach ihrer Mutter heulen, wenn sie den Kontakt zu ihr verloren haben.

Seite 9

7

1) Brennnessel
2) Eule
3) Feuersalamander
4) Storch
5) Hagebutte
6) Fingerhut
7) Libelle
8) Murmeltier
9) Maiglöckchen
10) Hummel

Mit dem gleichen Buchstaben beginnen jeweils:
Feuersalamander - Fingerhut
Hagebutte - Hummel
Murmeltier - Maiglöckchen

Seite 10/11

8

Die geheime Botschaft lautet:
Ein verletztes Rehkitz wurde gefunden. Musste dorthin. Wir treffen uns aber zu einer Nachtwanderung um 20 Uhr am Wildschweingehege. Bringt Taschenlampen mit!

Seite 12

9

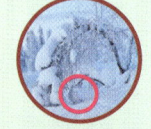

Seite 13

10